읽기에 앞서

그림자로 빗대어 별을 밝히다

자신 속의 어두운 내면을 그림자로, 또는 별을 바라보는 나로 바꾼 시들이 많습니다. 언제나 밝고 웃고 지치지 않는 모습으로 서 있지만 내면에서는 어두운 면을 풀지 못한 채 방황하며 서성이는 날들을 생각했습니다. 내면의 고민을 표현하고 해결해 줄 대상을 찾다가 언제나 밤에도 생생히 살아있는 그림자와 감상할수록 생각하게 하는 별을 발견했습니다. 이 둘을 통해 시를 이어 나갔습니다.

공허한 밤하늘에 가득 찬 별을 볼 때면 깊은 생각에 잠깁니다. 추억이 대부분이지만, 한편으로는 어두운 내면을 씻겨내 주는 위로가 되어주기도 합니다. 위로의 별입니다.

매일 어둠 속으로 걸어가더라도 함께 따라오는 한 폭의 쉼터처럼 그림자는 마음을 편안하게 해주는 상징물로 사용했습니다. 제 시를 읽는 모든 사람들이 조그마한 상징물이라도 빗대어서 그 삶의 여유를 조금이나마 누릴 수 있기를 바랍니다.

시장 속을 지나치면서 서성이는 하루

  조용하고 어두운 골목을 좋아합니다. 때로는 북적거리는 시장 속을 지나가기를 가끔 바랍니다. 북적이는 길을 조용히 걸어 나가곤 합니다. 북적이는 소리가 아닌, 사람 냄새에 또는 사람의 자취를 담은 풍경을 그리워하며 시장 시를 써 내려가곤 했습니다. 북새통 속에서 흥얼거립니다. 아무 말이나 내뱉어도 어떤 문제도 안 되는 시장의 북새통을 통해서 여태껏 목청껏 울어보지 못하고 내뱉지 못한 말들을 시로 옮겼습니다. 시장 시를 통해 얽히고설킨 마음이 조금이나마 풀었으면 좋겠습니다.

바다 같은 마음은 아니지만

누군가는 그렇습니다. 바다, 물, 흘러가는 파도를 통해 삶의 위안, 평안, 쉼터를 얻는다고 합니다. 제가 느끼는 바다는, 마음의 여유가 없고 쉴 곳이 없고 아무 기댈 곳이 없을 때, 나의 모든 것을 다 품어줄 수 있는 터전이라고 생각했습니다. 바라보는 대상의 위로하기보다 모든 마음들을 다 담기에 충분한 그릇이라고 생각하며 시를 써 내려갔습니다. 모든 마음들을 그 바다로 이 바다로 저 바다로 던질 수 없고 또 풀어낼 수 없겠지만 그래도 속에 담겼던 내 작은 그릇들에 비해서 바다는 큰 그릇이니까 옮겨 담을 수 있지 않을까요. 조금이나마 아주 조금이나마 내 마음의 그릇을 큰 그릇으로 옮겨 담아 삶의 무게를 내려놓았으면 좋겠습니다.

차례

읽기에 앞서	2
양치기 소년	12
사람이 싫어질 무렵	15
꽃말	17
별빛 수평선	19
석양의 밤	22
내 소리를 읽어줬으면	23
너의 한마디	25
손가락 행진곡	27
반창고	28
살며시 스며든 너에게	30
메아리 소리에 대답하다	32
불빛 자리	34
정겨운 목소리	38
실오라기	40
시각	42
요동치는 뱃머리	44

바다 그릇	46
녹색바다	48
거북이	50
젖은 여름	53
부인을 남겨두고	55
발자국	57
개울가의 소리	59
여행	61
가로등	63
새벽녘	65
눈동자	70
수채화	72
행인의 웃음	74
향기	76
등댓불	78
신호등	80
치맛바람	82
그 향기	84

열린 문	87
사계절	89
검은 자국	91
꽃 하나 남겨줬으면	93
슬피 울지 않을 개	95
전등 - 에필로그	100

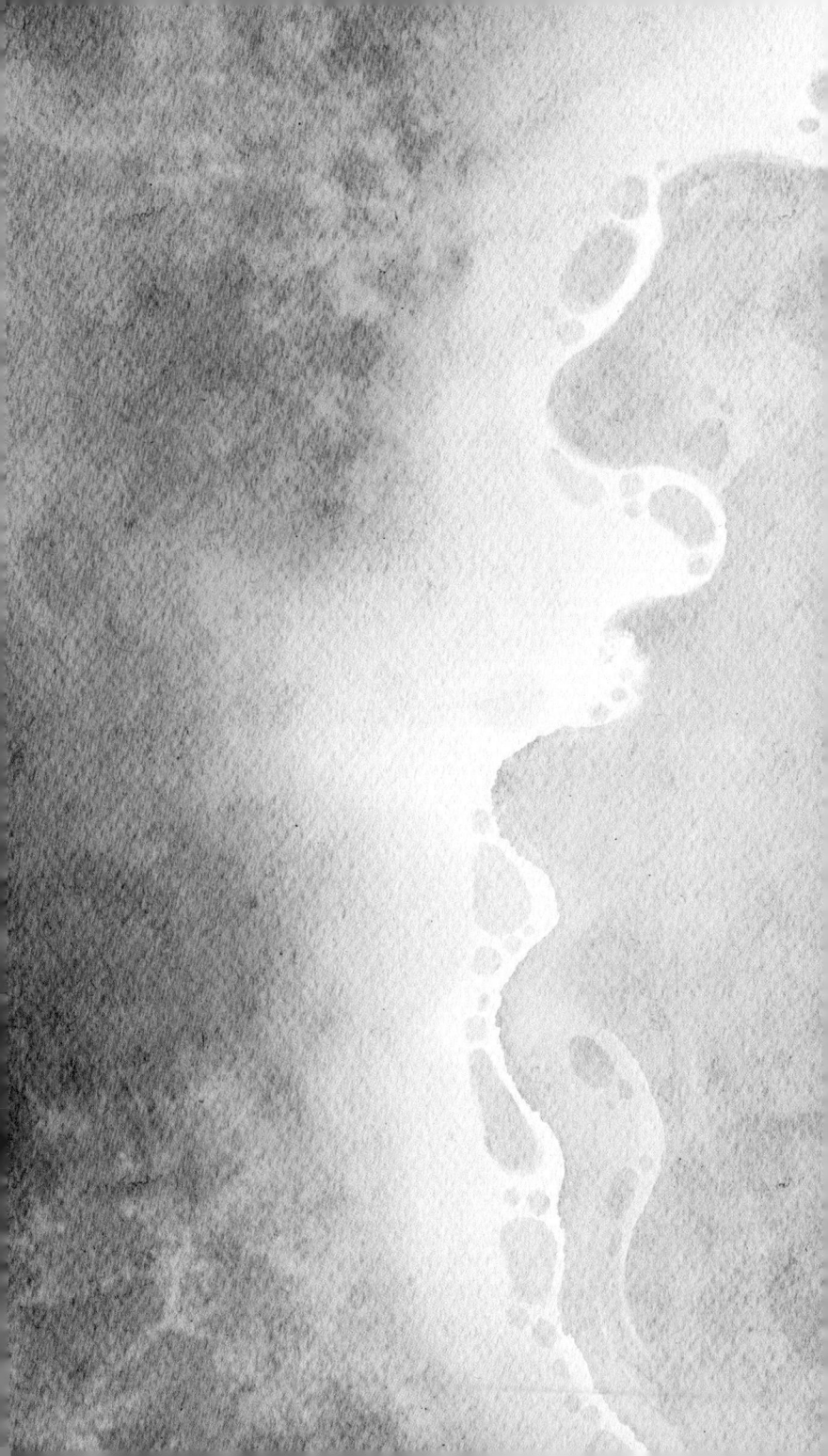

양치기 소년

울타리를 넘나드는
양을 세는 양치기가 된다.

침대에 누워
내 하루의 이야기를 바라보다
밝지만 고단했다.

창으로 밤하늘의 별이
우리를 비추고

너와 나의 고단하며
길이 보이지 않던 낮은
칠흑 같던 밤의 어둠 속으로 사라져
보이질 않는다.

양치기가 되어
밤하늘의 별자리 속에

이야기를 다시 적는다.

그림자 속에 어둡던 이야기를
달빛의 그림자로 비추면
이야기를 속삭이던
떨리던 목소리도
따뜻한 목소리로 귓가에 맴돈다.

양치기의 하루는
진실일까 거짓일까?

별은 언제나
비춘다.

별을 통해 빛나던
숨어있던 이야기는

진실된 이야기일까
거짓된 이야기일까

침대 안에서 바라보는 너와
침대 밖에서 바라보는 너는

언제나 별을 바라보고
별은 언제나 비춘다.

사람이 싫어질 무렵

기쁜 표정을 짓고 있는
그대의 입술은 새빨간 장미 같다.

웃는 미소를 짓는 당신의
뒷모습에는 검은 그림자가 다가온다.

그림자의 쓸려
빨간 피에 어쩔 줄 몰라 하는
당신이지만

어제도 오늘도
내일도 지금도
똑같이 울고 웃는다.

세상살이
험할지라도

하루살이
버겁더라도

난 오늘도 내 그림자를
등을 켠 체로

그대 미소를 향해
그대 웃음을 향해
하염없이 울고 웃는다.

꽃말

그리운 날들이 펼쳐지고
그리운 날들에 운을 더한다.
그리운 날들을 그리워하며
꽃밭 그늘 사이로
몸을 숨긴다.

그리움이라고
꽃들에 이름을 붙인다.
그늘에 누워
흔들리는 그리움에
웃음 짓는다.

언제나 그리움을 향해
외치고 슬피 우는 건 나지만

그 꽃들을 바라보며
울고 한탄하던 나를 바라본다.

높이 날며 울던 새들이
다시 나아가야 할 때임을 알리고

정처 없이 사막을 떠돌게 된 나는
꽃말로 지탱하고 버틴다.

별빛 수평선

밤하늘 부둣가에 올려보던 별
손 한 뼘으로 사이로
수 놓은 별빛

경박하고 매몰차서
돌아설 수밖에 없는 내 바다를
뒤로 서성이면
비친 내 모습,
아장아장 걷던 내 발 사이의 청량함이
뾰족한 바늘처럼 다가와
포근함을 멀리 보낸다.

기억을 담은 별빛이
파도 사이로 저문다
기억 저편 밤하늘을 올려다보니
별빛 사이로 내 마음이 감춘다.

석양의 밤

그늘의 예술
기울은 태양이
그림자를 비춘다.

내 호흡만큼 짧은
석양 뒤로

그늘진 몸을
석양 뒤로 숨긴다.

아무렇지 않게
동이 트는 아침의 태양보다

가는 길의 벗이 없어도
짧은 순간 찬란한 석양 덕분에
밤이 밝기만 한다.

내 소리를 읽어줬으면

악 소리 나게 아프고 아프다.
쿵 하는 소리에 휘청거린다.
척 하면 너는 나를 보며 웃는다.

휴 하는 숨소리를
거칠게 내뱉으며

푹 소리와 함께
내 마음에 칼을 내민다.

쾅 하며 놀란 너는
챙 하는 소리와 함께
탁 치며 내 어깨에 손을 올린다.

휭 하는 바람 소리에
쿡 쑤셔 내 배를 찌른다.

쿵 거리는 냄새를 맡으며
픽 하는 웃음소리로
땡 소리와 함께 눈이 감긴다.

척 하는 소리에 나는
푹 소리에 귀를 감추어
쿵 하는 몸짓에 고개를 숙인다.

탕 하는 웃음소리에
틱 쳐대는 뒷모습이
휙 하는 모습으로 사라진다.

너의 한마디

너의 솟아오른 마디를 따라
도착한 그 손끝에

남겨진 지문 하나
발자국처럼 남겨져 있다.

손등으로 맞닿은
너와의 거리가 무색하게

너와 나의 마디 끝의 지문을 포개던
너의 빈자리가 그립니다.

내 쪽으로 힘껏 당긴
너와 연결된 줄이 끊어져
비틀거리는 나지만

열 마디 말보다

너의 한마디에

붉은 실을 감춰 다시 걸어본다.

손가락 행진곡

굳은살처럼
마음을 헤집고 멈춰버린
너의 소리처럼

마디를 따라
걸려 넘어진
너의 목소리처럼

사이사이 감춰진
너의 가려운 손보다

모아진 손을 보이는
네가 그립습니다.

반창고

쉴 새 없이
달리고 몰아친다.

밤낮 없이
손이 저리고 눈이 띄인다.

연기에 불길로
몸이 둘러 쌓여도

시간과 상관없이
화마 속으로 몸을 던진다.

아른거리는 뿌연 연기도
훨훨 나는 새 같은 화마도
조금씩 조금씩

하얀 구름 속으로

모습이 사라진다.

바람을 타고 오는
장대비에
입을 크게 벌리고
몸을 축인다

찐득한 반창고도
보이지 않던 검은 자국도
비를 타고 흘러내린다.

살며시 스며든 너에게

속삭이던 빗소리 같은
네가

귓가에 살며시
스며들면

차갑게 쏘아보던
너의 눈을 뒤로하고

눈사람이
아른거렸다.

하품 속의 기지개가
구름 속의 무지개처럼 비추면

수놓은
낙엽들을 지나

수 없이
지나간 계절이지만

이제는 내 모습을 보며
너를 지나친다.

메아리 소리에 대답하다

목 놓아 울어보아도
아무도 오질 않는다.

내 벗들을 기다리는
마음이 시커멓게 타들어 간다.

내 눈망울을
적셔주던 벗들도

내 마음을
위로해 주는 벗들도

하염없이 검은 연기 속으로 사라진다

때로는 벗들에게
울음으로
위로 한 줌 받고 싶지만

벗들은 마음을 몰라준 채로
희미하게 사라져간다

연기 속에서 희미하게 보인
벗들은

앙상하게 마른
중년의 이름 모를 사람이 되어
내 살갗을 파고든다

내 마음을 모르는 척
귀머거리가 된 벗 앞에

나는 목소리를 잃고
메아리만 남아 서서히 모습을 감춘다.

불빛 자리

시장 귀퉁이
재각재각 서각서각
써는 소리, 움직이는 소리
서로 뒤엉킨다.

언제 사라질지. 모르는 전등 하나
생선 냄새 베길 줄 모르는

할미의 등쌀에
시간이 올라타 굽어진다

시장위를 낮게 나는
갈매기의 울음소리
늦은 끼니
숨을 헐떡이는 소리
여전히 몸이 반응한다

눈과 비가 섞여서
몸에 휘감길 때마다
손이 떨린다

나물 하나에 긴 머리끈을 풀어 헤치며
보자기에 쌈짓돈으로 넣으며
숨을 삼킨다

동이 트면 다시 일어서야 하는
굽은 허리가 소리쳐도
바람에 꺾인 갈대처럼
장사치는 몸을 바람에 맡긴다.

정겨운 목소리

시장의 밤은 낮과 다르게
언제나 등푸른생선처럼 파랗다

사연이 있든 없든
한결같은 목소리로
시장의 아침을 반긴다

노인, 총각, 처녀, 학생
할 거 없이 냄새가 뒤엉켜
시장의 속내를 보인다

여기저기 낯선 사람이
친근한 목소리로 귓가에 속삭인다

골목길에 붙어있는 낡은 종이들이
팔락거리며 대답한다.

정겨운 듯 들리는 목소리에
검은 보따리를 내주면
동전 한 닢 내어준다

정에 이끌린 발걸음은
골목길에서 헤매지만
정겨운 듯한 목소리는
시장을 떠날 줄 모른다.

실오라기

가녀린 손아귀에서 벗어나려
발버둥 치며 버틴다

어린 아낙네는 오늘도
뼈를 깎는다.

트는 여명을 눈동자에 담고
통이 트는 새벽에 감는다

부푼 기대를 안았던
눈동자 속에서 헤매지만

검은 봉다리 속에
내 속내를 감춘다

끝없이 이어진 밤거리를 비춰보아도
가녀린 실오라기는 보이지 않는 채

질끈 눈을 감고

빛을 비춘다.

시각

눈 안에
모든 것이 담겨있다.

삶의 숨결도
목적 없는 감각도
솜사탕이
이리저리 날리는 듯하지만

반응에
시각을 곤두세워본다

새처럼 지저귀는 소리가
바람과 같이
내 귀를 막는다

알든 모르든
움직이는 것들은

내 시각에 반응하듯
몸을 움직여 숨는다.

요동치는 뱃머리

부둣가에 엉킨 그물
사이사이
넘실대는 파도

아등바등 실머리 헤치고
그물   사이
비치는 눈동자

살고 싶다
헤엄치고 싶다

어제 그렇듯
지금도
오늘도
내일도

뱃머리는 요동치고

그물 사이
비치는 눈동자
바다를 향한다.

바다 그릇

바다는
늘 넘치듯
그릇에 담겨있다.

넘칠듯하지만
모든 것을 담고 있기에
충분했다

쏟아질 듯
출렁거리는 파도 소리

적막 사이
휘청거리며 넘어질 것 같지만
모든 것을 담고 있기에
충분했다

모든 것을 담고 있는

온정을 담은
파도 소리

멀리서 울리는
뱃고동

흘러넘칠 것 같지만
마르지 않는 넉넉함

모든 것을 담아낸
충분함

녹색바다

헝클어진 어구 사이
출렁이는 파도가 뻗은 곳

수심이 깊을수록
해초들이 헝클어진 모습만 보이지만

살금살금 헤엄쳐
두 팔로 손짓해도

엉금엉금 헤엄쳐
두 발로 걷어내도

물결과 정적만
남아 있다

우물도 없는
메마른 사막인

울창한 해초 사이로

물고기가 지나간다

숲이 꺾일 때마다

아가미로 조금씩 뻐끔거리며

물방울이 기척이 된다.

파란 물결 아래

녹색 물결처럼 보이는

해초 사이로 몸을 기댄다

공허함을 깨고

사막으로 돌아온 벗

빼곡히 차오른

맑은 녹색 물결

거북이

흩날리고 숙연한 바닷속에서
내 집에서 홀연히 생각하고 기도한다

부풀린 내 몸을 기댄 체
삶을 향해, 바다를 향해
뒷걸음친다

내 몸은 의식과 상관없이
파도와 본성의 흐름 속으로
서서히 잠겨 나간다

부화하는 알들 속에서
아들에게 미안하지는 않다

새끼들에게 다정한 품앗이 하는
지느러미로 바닷속을 유영한다

해파리들
딱딱한 돌기 사이에 맛없는 먹이

입 밖으로 내뱉어도
자꾸만 들어가
내 배를 채운다

따뜻한 바닷속에 어미 얼굴만 보이고
아비의 모습은 보이지 않는다

차가운 뱃고동의 소리에 뒷걸음 치며
어두운 바닷속으로 고요한 외침을 뒤로한다

목적지가 없는 하늘 아래
떠있는 물결을 지나
난치를 버리고 헤엄친다

갈증에 메말라 죽던

날카로운 부리에 죽던

어린시절 나약한 내 몸뚱아리는

매몰찬 바람을 뒤로한채

엉금살금 기어 헤엄친다

젖은 여름

몰아치는 강물 사이
헤엄치는

깃털처럼 가벼운
어린아이

초록 물결이
태양을 쓰다듬는다.

개울에 번지던
눈물을 훑던
개구리

뛰어노는 강가의
아이들

청량한 바람이

가슴 속에서 휘몰아친다

눈물로 적신
내 삶의 지평선은
여름날 저 너머로
밤까지 단불을 지새운다.

부인을 남겨두고

한 골목길을 벗어나다 보니
할머니들이 왔냐며
고운 내 손을 어루만진다

시장에 나서며 준비한 고운 빛결
말끔한 옷
발그레한 얼굴이
시장에 녹아들지 못한다.

고운 빛깔에 취한 몸
저절로 흥이 나
발걸음을 재촉한다.

아낙네의
싱글벙글 고운 빛깔에
새색시가 된다.

시장의 냄새
차가운 바람
펄럭거리는 소리

갈 곳 없지만
등불에 비춘 새 옷에
마음은 풍요롭다.

발자국

살랑거리는 아지랑이
빠른 걸음으로 지나친다

웅성거리는 소리에
귀를 막은 귀머거리처럼

피 묻은 옷을 스치는
날 선 촉각

다리 밑의 울음소리가 들리지만
주저하지 않는다.

마냥 좋았던 꽃피는 계절
이마에 맺힌 땀방울도 들키지 않게
숨는다

철길이 짓밟은 꽃들

잊혀진 다가와야 할 여름

다리 밑에서
발자국이 들리지 않기를
기다릴 뿐
내 다리는
이미 벼랑의 끝을 맞이하고 있다.

개울가의 소리

후들후들 떨리는 다리에 힘겨워
핏빛이 흔들리는 눈빛 속에 땀을 닦는다.

저마다 품속으로
몸을 송충이처럼 웅크린다.

개울가에 몸을 숨죽여 아이를
엎치며 고개를 끄덕인다.

총성보다 개울가에 물이
더 고요하고 평화롭다.

아이의 숨이 멎는다.
내 심장도 탄환에 박혀 멎는다.

메아리도 천둥처럼 요란스럽게
장난치듯 귓가에 울려 퍼진다.

총성의 시작인가
아우성의 소리인가 까마득하다.

지킬 듯 못 지키는
내 손아귀에는 핏빛 서린
아이의 몸뚱이만 남는다.

아이의 숨소리가 들리지 않는
개울가에 몸을 숙인다.

여행

콧노래를 부르고
눈웃음에 꽃들이 화답한다

시냇물에 귀를 첨벙 담그고
진흙탕 속에 발자국을 담는다

한 계절 그대를
떠나보내야 했지만
다시 찾아온 계절에
나를 맞이하는 당신을

이 계절에
몰래 온 손님처럼 맞이한다

지난날
한껏 들썩이며
둘러맨 내 배낭은

무거워졌지만
마음만은 가볍다

다시 너에게
내 몸을 맡긴다

그리운 계절에
너에게 온기를 보낸다.

가로등

무거운 발걸음
분주하게 뛰어다니는 아이들

모두를 밝히던 불은 어느덧
그 빛을 다하고
그 자리에서 깜박거린다

나를 사로잡았던
어렴풋이 기억나는 불빛

한 발짝
걸음을 옮길 때마다
들어오는 불빛

환하게 웃으며
반기던 불빛

기억 속으로 멀어지는 불빛은
여전히 찬란한 빛줄기처럼
내 앞을 서성인다.

새벽녘

하늘 아래
자욱한 안개가 드리운다

새벽 냄새에 이끌려
목 놓아 외쳐본다

"그리워지는가?"
"마음으로 울었나?"

안개 속에
속닥거리던
참새들도

어느새 목 놓아 울고 있다.

내 마음의 저편에
갈대를 집어 던진다.

잠자리에 누워 본 어두운 새벽

뜬 눈으로 바라본 환한 새벽

가로등 불빛이 녹아내리는 낡은 수첩처럼

종이처럼 찢기지는 않지만

이 새벽에

그리움을 반기며 인사한다.

눈동자

가득한 눈물을
쏟아내는 것은 매한가지

울음이 그치기 전
흩날리는 바람에
적막이 깨진다

갈 길 잃은 갈매기에게
묻는 첫 안부

따스함이 사라진
냉담한 그대

오랜 벗처럼 너를 알게 되면
내 어깨를 보듬어주겠지

첫 만남에 너를 바라본 나의 두려움

이제야 너의 눈동자에서 나를 발견한다.

수채화

입가의 주름
떠나지 않는다

숨을 참아도
숨을 죽여도

내달리는
너의 숨소리

웃는 얼굴에 취하며
흥얼거리던 너의 모습

익숙한 풍경이
안개처럼 번진다

하얀 도화지에
수채화로

너의 얼굴에
다시 색을 입힌다

고요한 세상 속에서
너를 듣고 또 듣는다

다시 너의 입가를
어루어 만질 수 있다면

주름지지 않는
새빨간 색으로
그리고 싶다.

행인의 웃음

정답던 내 웃음소리가
바다에 휩쓸려 멀리 퍼져나간다

시끌벅적하던
내 웃음소리가
바람을 타고 훨훨 날아간다.

웃음이 가득한 내 마음처럼
너도 웃음 가득한 미소로
반겨준다

하지만

언제부터
너는 내 웃음 소리에도
자꾸 등 뒤로 숨는다
그림자로 몸을 숨긴다

퍼져가는 웃음소리를
검은 안개로 막는다.

정답던 웃음소리 대신
옅은 미소 대신
떨리는 입술 사이에
흔들리는 바람만 있을 뿐

산기슭에 불어오는 바람을 맞으며
그저 묵묵히 그곳을 지키고 있다.

향기

네가 그립다
더불어 가는 세상을 품은

밤새 울고
떼쓰는 나를
바다 같은 마음으로 품어주는
네가 너무 그립다

깊은 산에 올라
떼를 쓰고

밤하늘 달을 보며
억지스러운 기도로
너를 괴롭히지만

너는 언제나
나를 감싸고 품으며

바람 속에 나를 숨겨준다

그날의 여운이 느껴지지만
언제부터 너는
나에게 핀잔을 주곤 한다.

바람에 스쳐 베이기도 하고
달빛 아래 목 놓아 울어보기도 하지만

검디검은 연기 속에
숨은 너

너의 향기가 그리워
바람에 흩날리는
너의 향기를 좇는다

등댓불

폭우 속에서 거침없이
길을 밝히고

해풍이 불어오는
방향을 밝힌다

고래기름 생선 기름으로
불을 지펴 길을 밝히던 횃불에

어부들이 밤길을 본다
배선을 돌려 등대를 본다

회항하며
출렁이는 파도에 기적을 낮추며

입항하며
잔잔한 물결에 숨을 죽이고

항해하며
시끄러운 자리에 배를 늦춘다

저만치 어초에 밀려오는 고기떼를 따라
밤하늘보다 빛나는 불빛을 따라

여명의 불빛으로
서서히 등댓불을 밝힌다.

신호등

두 손 들어 뱃길을 지나
빨간 불빛에 왼쪽으로 몸을 기울인다

잔잔한 파도 위
깜박거리던 신호를 지나쳐

밝게 비추던 등대를 지나
하얀 불빛으로 몸을 오른쪽으로 비튼다

여윈 뱃머리가 물길 속으로
서서히 기울이면

초록 불빛으로
보이지 않는 암초를 지나친다

뱃고동 소리에 맞춰
숨죽인 뱃사공의 노래가

구슬프게 들려오며

노란 불빛으로 서서히 물든다.

치맛바람

몸서리치는 겨울밤
소복이 쌓인 너의 눈앞

운이 쌓여있던 장작이
메마르다.

아낙네는
낡은 고무신을 벗 삼아

회초리 마냥
나뭇가지 사이를 헤집는다

겨울 시린 밤
손등이 저리다

한낱 그지없는
바람서리가

내 몸을 이리저리
맴돌며 휘감는다

오매불망 기다리는
너에게서 불어온
설익은 입김

바람서리에
겨울이 시리다

내 치마는
바람에 날린다.

그 향기

더없이 더불어 가는 세상을
품은 네가 너무 그립다.

떼쓰는 나를
밤새 울어주며
바다 같은 마음으로
품어주는 네가 너무 그립다.

깊은 산속에 올라가
밤하늘의 달을 보며
떼를 쓰며
억지스러운 기도로
너를 괴롭히지만

언제나 그저
감싸주고 품으며
바람 속에서 나를 숨겨준다.

그날의 여운이 느껴지지만
너는 언제부터인지
나에게 핀잔을 주곤 한다.

바람을 막아주던
너의 등 뒤
바람에 스쳐 데이기도 하고

상처 깊은 마음
달빛 아래
목 놓아 울어보기도 하고

검디검은 연기 속으로
몸을 숨긴 너지만

오늘도 바람에 흩날리며

너 향기를 그리워한다.

열린 문

굳게 잠긴 문을 열고
가슴이 시키는 대로 닫는다

한 걸음은 가볍지만
멀기만 한 두 걸음

펄럭이던 태극기에
간절히 기도하던 바람이 이루어졌다

빗겨나간 수많은 탄환
벽돌 사이에 들어온 바람

바람 따라 흘러가던
커다란 돌멩이들이 모여

우러러봐야 하는
높이 솟은 봉우리를 만든다

오롯이 가슴이 시키는 대로
웅장하고 때로는 대담한

그날의 서약 같은 검은 글씨가
하늘에 닿지는 않지만

높이 솟아 오른 문은
날 반겨주기에 충분하다.

사계절

오랜 어촌의 내음
바짓가랑을 적시고
물길을 안내하는 이

뱃길 따라
항해사를 들쳐 업고
밤길을 안내한다

등롱에 적혀있던
나침반은 과거를 비추고

등화로 등잔을 쓰담으며
현재를 밝혀준다

모질게 굴었던 해풍도
바다의 맺음선에서 주춤거린다.

나잇살로

역풍을 맞으며

어두운 등잔 밑의 밤하늘 대신

불을 밝히며 길을 안내한다.

검은 자국

지우려 애써도
번지기만 하는 얼룩

가면 갈수록 자꾸만
다가오는 그림자

모든 것들이 검은 세상으로
물감처럼 얼룩무늬가 박혀있다.

물로 연하게 한들
지워지지 않는 얼룩

덧칠한 듯 초라해 보이는
얕은 밑그림 속에서 생겨나는 얼룩

초상화처럼 돋보이는
검은 자국이

앞에 보이는
무지개를 가로막는다.

발자국처럼 또각또각
어느덧 소리처럼 운다.

가벼운 발걸음보단
무거운 발걸음으로
나에게 다가온다.

검은 얼룩이 때론 어두워질 때
그 옆에 밝힌 촛불이 더 빛나는 법이다.

꽃 하나 남겨줬으면

봄의 피는 내 꽃이
여름에 새싹을 맞아

가을에 시련을 맺고
겨울에 내게 찾아왔다.

봄에 본 너는 누구보다 예쁘며
여름에 본 너는 누구보다 빛나고

가을에 본 너는
어느덧 잎이 지고

겨울에 본 너는
흔적도 없이 사라지고 없더라.

봄에 화창했던 너지만
여름에 발길을 멈추더니

가을에 나를 떠나며
겨울엔 하얀 도화지에 몸을 숨기더라.

봄에 반겨줬던 너 가
여름에 너조차 없으니

가을에 낙엽 한 잎 주어
겨울에 너를 그리워하며

봄 여름 가을
그리고 겨울

세월 속에서
너를 찾고 찾는다.

슬피 울지 않을 개

부스럭거리는 소리에
스르륵 몸을 뒤척인다.

침이 흐르는 얼굴을 부여잡고
풍차처럼 돌고 도는 녀석의
꼬리로 몸을 돌린다.

반갑다며 기뻐하며
마주 보며

오늘도
하루를 시작한다.

시간에 따라 그 녀석도
어쩌면 나도 거리를 점점 넓혀간다.

인기척에 반응한 나는

그 녀석을 등지고 철 쇠문을 지난다.

슬피 울며 바라보는
그 녀석은

아무 말도 하지 않은 체
눈동자의 박수를 쳐준다.

철컹거리는 소리와 함께
오늘도 그 녀석을 등지고
무거운 발걸음을 옮긴다.

전등 - 에필로그

헤엄치는 돌고래는
파란 물줄기를 지나치지 않듯

삶이 깃들지 않은 영혼은
낯선 사람이 되지 않는다

빛이 오가는 불빛 속에서
여전히 어둠이 있기를
기다린다

뜻대로 움직이지 않는 연필심은
그저 떠도는 돛단배일 뿐

세상을 향해 소리치지만
전등을 끄고 도망가고 싶을 때도 있다

내게 오라는 말보단

너라는 소리에 기대고 싶을 뿐

그 무엇도 바라지 않는다

그림자에 빗대어 별을 밝히다

초판 1쇄 발행 2024년 8월 23일
저자 오규식
펴낸이 김영근
편집 김영근 최승희
펴낸곳 마음 연결
주소 경기도 수원시 팔달구 인계로 120 스마트타워 1318
이메일 nousandmind@gmail.com
출판사 등록번호 251002021000003
ISBN 979-11-93471-16-6
값 12000